fechten

fechten

Ein fröhliches Wörterbuch für Klingenkünstler, Möchtegern-Ritter, Musketiere, Spaghetti-Duellanten und Waffenmeister.

Von Andreas Schirmer
mit Zeichnungen von Laurie Sartin

TOMUS

Satz und Druck: Schwabenverlag AG, Ostfildern
Bindearbeiten: Sigloch Buchbinderei, Künzelsau
1 2 3 4 5 6 92 91 90 89
(jeweils erste und letzte Zahl maßgeblich)
ISBN 3-8231-0157-9

SARTIN

Absicht
SARTIN

A

Absicht

Plan, wie man in einer Kampfhandlung ohne viele Fisimatenten einen Treffer setzt oder vermeidet. Es werden drei Absichten unterschieden:
1. Man hofft, daß der Gegner aufgibt.
2. Man hofft auf einen technischen Defekt.
3. Unlautere: Man schließt seine Waffe statt an die elektronische Trefferanzeige an die Stromversorgung der Fechthalle an.

Abtasten

Vor Turnierbeginn müssen sich die Fechter einer Leibesvisitation unterziehen. Diese nach Randziffer 738,3 des internationalen Regelkodexes vorgeschriebene Vorsichtsmaßnahme dient der Chancengleichheit. Damit soll verhindert werden, daß die Klingen-Spezialisten noch andere Waffen einschmuggeln, um in brenzligen Situationen besser aufgerüstet zu sein. Die alljährlich konfiszierten Waffen werden traditionell für die Tombola des NATO-Weihnachtsballs in Brüssel gestiftet.

Aggression

Antriebsrad für Fechter. Läuft in einem Winkel des Gehirns, der von dem Wort Vernunft völlig unberührt geblieben ist.

Allez

Französisch, Befehlsform des Verbs „gehen“. Letzte Aufforderung des Kampfrichters vor Beginn des Duells, den Unsinn zu lassen und lieber wieder zu gehen.

Anfechten

Begriff aus der Jurisprudenz. Bezeichnet das Hauen und Stechen in den Justizpalästen um ein Urteil. Es trägt viel zur geistigen und körperlichen Ertüchtigung von Anwälten, Staatsanwälten und Richtern bei sowie zu deren finanzieller Fitneß.

Angriff Vorwärtsbewegung mit gleichzeitig zurückschreitender Aggression. Also jede Aktion – sportiv oder verbal –, die den Gegner derart verwirrt oder verblüfft, daß er keine Lust mehr verspürt, selbst anzugreifen, und die den Angreifer ermüdet.

Anhieb Privileg des Cheftrainers des Deutschen Fechter-Bundes beim alljährlichen Sportlerball in der Bezirksturnhalle von Vechta. Mit Hilfe eines mittelalterlichen Schwertes schlägt er das erste Weinfaß (traditionell: Becksteiner Behrenauslese) auf. Trifft er auf Anhieb, zahlt der Fechter-Bund das Faß, braucht er mehrere Versuche, wird sein Vertrag gekündigt.

Anseilen Bayerisches Idiom. Soll heißen: Anschließen des Körperkabels an die elektronische Trefferanzeige. Südlich des Weißwurst-Äquators fragen die Obleute deshalb pflichtgemäß und dialektisch: „Agseilt, gell?“

Anstoß Dem bekannten Fußball-Ritual zu Anfang eines Matches nachempfunden: Der erste Hieb oder Stoß beim Kampfbeginn. Vor dem Duellstart wird vom Obmann ausgelost, welcher der beiden Fechter den A. ausführen darf. Dabei muß die Klingenspitze bei der ersten Berührung in der gegnerischen Planche-Hälfte zustoßen. Trainer, Betreuer und Zuschauer haben während des A. 9,15 m von der Klingenspitze entfernt zu stehen.

Anti-Blockade-System Sicherheitsvorrichtung im elektronischen Treffermeldegerät, das die Anzeige von vermeintlich gültigen Treffern verhindert, wenn diese im Sinne des Regelwerks nicht gültig sind. Die Blockade wird ausgelöst, wenn der Lügendetektor – an den werden die Fechter automatisch angeschlossen (siehe Körperkabel) – einen entsprechenden Impuls aussendet. Das nach

Anhieb
SARTIN

Apuntata

dem Gefecht ausgedruckte Gedanken-Diagramm kann bei Protestverhandlungen als Beweis verwendet werden, muß aber nach dem Datenschutzgesetz unmittelbar nach einem Turnier vernichtet werden.

Appell Normalerweise eine eindringliche Aufforderung. Im Fechten wird jedoch vieles vom Kopf auf die Füße gestellt und soll dort das „Vortäuschen einer Vorwärtsbewegung zum Zwecke des Testens der Abwehrreaktion“ (aus Dumas „Fecht-Enzyklopädie“, 1968) bezeichnen.

Apuntata In Europa Mitte des 17. Jahrhunderts entwickelte Akupunkturmethode. Sie wurde aus der im Fechtsport gewonnenen Erkenntnis abgeleitet, daß durch Stöße mit der Klingenspitze blau gewordene Körperpartien sensibler auf Druck reagieren als andere.

Arretieren In Schutzhaft nehmen von Kampfrichtern, die mit ihren Entscheidungen voll an den Tatsachen vorbeigetroffen haben.

Assaut Überflüssiges Fremdwort französischer Herkunft (Aussprache: Achso). Übersetzt heißt es nicht mehr und nicht weniger als „sportlicher Fechtwettkampf“. Ach so!

Attaques simultanées Synchron-Fechten; wird auf zwei nebeneinanderliegenden Bahnen ausgetragen. Gewertet werden dabei nicht nur die erzielten Treffer, sondern auch die Parallelität der Bewegungen. Wie im Eiskunstlaufen wird die technische Ausführung mit der A-Note und der künstlerisch-ästhetische Vortrag mit der B-Note beurteilt.

Ausfall 1. Telemarkstellung auf der Fechtbahn. Ähnlich wie beim Skispringen, wo der Begriff ursprünglich entsprungen ist, wird ein

Bein unnatürlich weit nach vorne geschoben, um das Gewicht der Waffe, die gleichzeitig mit der Vorwärtsbewegung auf den Gegner gerichtet wird, auszubalancieren und eine Bauchlandung zu vermeiden.
2. Die Reaktion eines unbeherrschten Kämpfers nach einer vermeintlichen Fehlentscheidung des Obmanns.

Auslage

Das Fechten gehört zu den kalorienintensivsten Sportarten, also zu denen, bei denen durch gewollt viele und überhastete Bewegungen nicht nur Schweiß produziert, sondern zudem Joule verbraucht werden. Dennoch sind auch Fechter nicht davor gefeit, in Auslage zu treten, also einen Bauch zu kriegen. Dies ist doppelt problematisch: Dadurch wird nämlich die Trefffläche erweitert und gleichzeitig der Abstand zum Kontrahenten verringert – beides kann für diesen sehr vorteilhaft sein.

Avertissement

Allergische Reaktion auf das Fechten. Ursache: Wird durch die starken Ausdünstungen der Athleten und durch Eisen-Atome hervorgerufen, die durch das Aufeinanderschaben der Klingen unkontrolliert in die Luft freigesetzt werden. Symptome: jukkende Pusteln. Heilungs-Methode: Vierjähriger Kuraufenthalt in Solingen.

B

Balestra

Kleine Balustrade; im Skisport nennt man es Fangzaun. Wird an den Enden der Fechtbahn aufgestellt, um Athleten, die mit ihren Angriffen mehr zur Ventilation der Luft als zur Bedro-

Auslage
SARTIN

hung des Gegners beitragen, vor schmerzintensiven Stürzen nach Stößen ins Leere zu bewahren.

Battuta

Klingenschlag, der durch einen Kurzschluß in der Fecht-Elektronik ausgelöst werden kann. Entlockt dem Fechter meist einen schrillen, trompetenartigen Schrei.

Beck

Vorname Emil; gelernter Friseur, der Kamm und Schere beiseite legte und seitdem mit Florett und Degen die ganze Fecht-Welt barbiert und rasiert.

Beck's

Schaumiges Getränk, bei dessen Genuß die Leistungsfähigkeit eines Sportlers im gleichen Maße sinkt, wie seine Lebensfreude steigt.

Becker

Steigerungsform von Beck: Beck, Becker, am Beckstens.

Beckmesserei

1. Erfolgsmethode im Sport, die nach ihrem Schöpfer benannt wurde und das Abschneiden von alten Zöpfen zur Grundlage erklärt.
2. Kleinkariertes Denken von Kampfrichtern, die nicht nur alle 789 Randziffern des Regelwerks auswendig herbeten können, sondern diese auch noch anwenden.

Beinarbeit

Alles das, was beim Fechten unterhalb der Gürtellinie bewegt wird. Ungewöhnlichste Form der Fortbewegung, seit der Mensch sich aufgerichtet hat und nur noch auf zwei Beinen läuft. Es soll wider allen orthopädischen Warnungen folgendermaßen funktionieren: Ausgangsposition aller Beinbewegungen ist die Fechtstellung. Auf einer gedachten Gefechtslinie stellt sich der Fechter, sofern er Rechtshänder ist, mit dem rechten Fuß auf diese Linie (als Linkshänder müssen Sie nur statt links rechts einsetzen). Der linke Fuß wird nun entsprechend im

Becks
SARTIN

Blöße

rechten Winkel Ferse an Ferse daran gesetzt. Vorteil: Der Fechter kann dadurch blitzschnell zwei Richtungen einschlagen (Kampfweg und Fluchtweg), darf dies aber nicht gleichzeitig versuchen. Aus dieser Pinguin-Pole-Position erreicht man durch das Vorsetzen des rechten Fußes um zwei Schuhgrößen die Grundstellung. Nun verlagert man das Körpergewicht auf beide Beine und geht so tief in die Knie, bis Druck und Schmerz in der Oberschenkelmuskulatur am größten sind. Dieses unerträgliche Spannungs- und später Ermüdungsgefühl treibt die Beine automatisch nach vorn oder hinten (Schritt vorwärts – Schritt rückwärts). Ist es überhaupt nicht mehr auszuhalten, kann man sich mit einem ruckartigen Vorschleudern des rechten Beines (Ausfall) oder einem schnellen sturzartigen Sprint (Flêche) kurzfristige Erleichterung verschaffen.

Bindung

Vorrichtung zur Verankerung der Hand am Waffengriff. Sie gibt einen sicheren Halt beim Fechten. Eine Handgelenksautomatik bewirkt, daß sich bei Stürzen oder heftigen Kollisionen die Bindung löst und somit die Verletzungsgefahr gesenkt wird.

Bingo

Glücksspiel, bei welchem es darum geht, die kleinste Trefffläche, nämlich den hinter einem Schutz verborgenen Handrükken mittels einer peitschenartigen Bewegung der Klinge gültig zu berühren. Ärgert einen Fechter ähnlich wie einen Fußballspieler, dem der Ball durch die Beine gespielt wurde.

Blöße

Eine Art Striptease. Es ist der Teil der gültigen Trefffläche, der bei einer bestimmten Lage der eigenen Waffe durch diese kaum oder nicht gedeckt ist. Einen heftigen Klingen-Flirt, bei dem man sich freiwillig eine Blöße gibt und mit nackter Haut kokettiert, um den Gegner zum Angriff herauszufordern, fassen die Fechter bereits als raffinierte Einladung auf, die selten ausgeschlagen wird.

Bodentreffer Werden nicht gezählt. Resultieren entweder aus dem Unvermögen, einen Gegner mit einer durchschnittlichen Trefffläche von 1,881 m^2 und die 1,80 x 14 Meter große Fechtbahn nicht zu treffen, oder aus der Einsicht, dies wirklich nicht zu können.

Brokatweste Fecht-Accessoire für besondere Anlässe. Wird gern bei Fecht-Galas, Benefiz-Veranstaltungen oder Sportshows angelegt. Diese mit Metallfäden durchwebte Weste gilt im Florettfechten als gültige Trefffläche und bei Festivitäten als Volltreffer.

Brustschutz Siehe „Coup double".

C

Cavazione Beliebte Speise von Fechtern: Römischer Spießbraten mit Spaghetti a la Sciabola.

Choleriker Häufig auftretender Charakter in der weißen Zunft. Ist ein Mensch, den die Enttäuschung über die erlittene Niederlage zu zerreißen droht. Leicht erkennbare Anzeichen: Erst zerrt er die Maske vom Gesicht, verweigert dem Sieger den Handschlag, pöbelt dann den Obmann an, bevor er schließlich völlig enthemmt und in Rage Maske und Waffe durch die Gegend feuert.

Cognac 1. Provinz in Frankreich, wo das Fechten immer noch vorzugsweise in Weinkellern und nach Mitternacht praktiziert wird. Auch Wiege des Fechtsports genannt.

Choleriker
SARTIN

2. Erstes festgestelltes Dopingmittel im Fechten. Und, wie es heißt, immer noch das wirksamste.

Corps à corps

(übersetzt: Körper an Körper) Verwarnungspflichtige Intimität auf der Fechtbahn.

Coup double

Brustschutz für Frauen. Besteht aus zwei Schalen, die wie abgeflachte Teetassen – die Engländer sprechen daher von „Cups“ – aussehen und auf die Brüste der fechtenden Frau plaziert werden. Im Mittelalter wurden die Ausschalungen noch aus Eisen geschmiedet. Ab dem 18. Jahrhundert wurde Holz und etwas später auch Leder verwendet. Heutzutage wird natürlich auch für diesen Zweck auf Plastik zurückgegriffen. Besonders die Firma Tupfer, jedem durch die farbigen Tupfer-Partys bekannt, hat entscheidend an der Entwicklung der neuartigen Büsten-Schützer mitgewirkt. Ausgezeichnete Stoßsicherheit bietet vor allem das Modell mit den Vakuumkammern. Der luftleer gelagerte Busen der Frau wird so hermetisch abgeschirmt, daß Stiche und Schläge vollkommen ins Leere gehen.

Coupé

(eingedeutscht auch: Kupee). Geschlossener zweisitziger Personenwagen mit versenkbaren Seitenfenstern. Ist das beste Argument der Automobil-Industrie dafür, auf Bahn oder Bus umzusteigen. Fechter lieben jedoch gerade dieses Modell, weil es so unbequem und eng wie eine Ritterrüstung ist.

Contraktion

Nervöse Muskelreaktion im Arm, die durch einen Angriff des Gegners ausgelöst werden kann.

Coup double

Degagieren

D

Damendegen

Unterscheidet sich vom Degen für den Herrn nur dadurch, daß eine Dame ihn in der Hand hält (siehe Degen). Ein Unternehmen für zusammenfaltbare Regenschirme hat entscheidend dazu beigetragen, den Frauen auch diese Waffe in die Hand zu legen. Nach dem bekannten und so praktischen Nässeschutz für die Handtasche wurde nun auch der einklappbare Damendegen entwickelt. Das Prinzip des nur 25 Zentimeter langen Mini-Degens ist einfach wie genial: Die Klinge kann mittels dreier robuster Scharniere in drei gleich lange Teile (Gesamtlänge entspricht dem vom internationalen Waffen-TÜV vorgeschriebenen Maß von 90 Zentimetern) zerlegt werden. Die Glocke (Handschutz) kann wie ein dänischer Gemüsedämpfer aufgefächert werden. Das Normalgewicht (770 Gramm) wird durch eine Leichtmetall-Legierung auf die Hälfte reduziert. Die Aufrichtung des Degens durch weibliche Hand dauert nur 13 Sekunden. Der Mini-Degen ist deshalb nicht nur als Sportgerät – ideal bei Auslandsreisen –, sondern auch als Selbstverteidigungswaffe für Hausfrauen geeignet. Einführungskurse ins Selbstverteidigungs-Fechten werden bereits vielerorts angeboten.

Degagieren

1. Einen abgebrochenen Degen notdürftig bandagieren.
2. Gegenteil von engagieren: Funktionärs-Sport.

Degen

Unterscheidet sich vom Degen für Damen nur dadurch, daß ein Herr ihn in der Hand hält. Es ist eine Stoßwaffe. Stöße müssen so kräftig aufkommen, daß hinter der Spitze ein Druck von mehr als 750 Gramm wirksam wird. Getroffen werden darf alles, was sich in Reichweite bewegt oder zumindest einen lebensnahen Eindruck erweckt. Sieg oder Niederlage werden durch die Addition der blauen Flecke ermittelt.

Desarmement

Schwerer Fecht-Unfall (siehe Abbildung). Die Italiener nennen es „Dis'armo".

Deutscher Fechter-Bund (DFB, DFeB)

Legale Vereinigung von Waffenbesitzern. Ist gemein und unnütz. Finanziert seine Existenz durch die Vergabe von Waffenscheinen, die keiner polizeilichen Überprüfung standhalten und zur sofortigen Verhaftung der Besitzer führen. Hauptziel des DFB ist nicht die Eingrenzung des Duellunwesens, die Entwicklung einer rostfreien Klinge oder die Wiederbelebung der Gladiatorenkämpfe, sondern der Kampf gegen das kleine „e" zwischen den großen „F" und „B" im Verbandskürzel. Diese unzulässige Einfügung wurde von externer Seite – wahrscheinlich von der Presse oder von machtlüsternen Kicker-Funktionären – willkürlich verfügt, um die Fechter vom Deutschen Fußball-Bund (DFB) abzugrenzen bzw. umgekehrt. Der Widerstand gegen das verniedlichende DFeB ist nur all zu gut verständlich. Schließlich werden andere Verbandsabkürzungen ja auch nicht einfach ergänzt. Oder haben Sie schon einmal etwas von einem DSBh, DTBc, DSJa oder NOK.o. gelesen?

Diagonalparade

Duelle, an denen mehrere Fechter gleichzeitig beteiligt sind, gibt es seit den ritterlichen Kreuzzügen nicht mehr. In vereinzelten Regionen der Republik wird allerdings – meist im Verborgenen – noch die Kunst des Diagonal-Duells gepflegt. Hierbei werden zwei Fechtbahnen dicht nebeneinander gelegt, so daß vier Fechter über Kreuz (diametral) miteinander kämpfen können. Die Diagonalparade ist nur eine von unendlich vielen Aktionsmöglichkeiten (z. B. Dublette, Doppelgänger, Quertreiber oder Zwillings-Stoß).

Desarmement

Direktausscheidung

Direktausscheidung Schnellste Möglichkeit, aus einem Wettkampf direkt auszuscheiden.

Donnerschlag Unbeherrschter Hieb, bei welchem die Klingenspitze in die Hand genommen und der Griff zum Schlag ausgerichtet wird. Daher auch der Spruch: „Wie vom Donnerschlag gerührt."

Doppelniederlage Wort, das bei dem Versuch, mit einem Degen Locken auf einer Glatze zu drehen, entstanden ist. Es ist gleichbedeutend mit „Unentschieden" oder „Remis", was allerdings sofort jeder verstehen würde. Gibt's nur im Degenfechten, wo es die Regel gibt, daß es alles gibt. So auch eine Ausnahme. Denn ein Sieg ist kein Gewinn, wenn die Duellanten einen eklatanten Größenunterschied von mehr als 40 Zentimeter aufweisen. In diesem Fall wird dem kleineren Kämpfer eine doppelte Niederlage angerechnet, weil er ja viel schwieriger zu treffen ist.

Doppeltreffer In Frankreich sarkastisch „Coup de deux veuves" (Zwei-Witwen-Treffer) genannt. Resultiert aus der historischen Tatsache, daß früher – als noch mit scharfen Waffen gefochten wurde – sich beide Duellanten nicht selten gleichzeitig aufgespießt hatten und zwei Frauen auf einen Streich zu Witwen machten. Heute müssen die Frauen mit den Verlierertypen weiterleben.

Dreizack Neptuns Antwort auf das Fechten.

Dreschflegel Bäuerliches Schlagwerkzeug; so werden Fechter genannt, die ihre Waffen wie ein landwirtschaftliches Gerät handhaben.

Duell 1. Historischer Zweikampf; intelligenteste Form menschlicher Kommunikation. Nonverbal. Löst Konflikte, ist aggres-

sionsabbauend und zuweilen tödlich.
2. (sprich: Düll) Bei vielen erfolgreichen Kämpfen gilt diese Pflanze – sie ist mit einem Gurkengewürz verwandt – als Wunderkraut gegen Konzentrationsschwächen. Es ist durch die herkömmlichen Dopingkontrollen nicht nachweisbar.

Durchschlagen

Die quirlige Fechterei kann auf den Magen- und Darmtrakt stimulierende Wirkung haben. Das therapeutische Fechten gehört deshalb auch nach der Gesundheitsreform noch zum Leistungskatalog der Krankenkassen. Der durchschlagende Erfolg ist durch die fächerartigen Armbewegungen und das Wippen bei der Beinarbeit – hier sollen schon Symptome von Seekrankheit aufgetreten sein – zu erklären.

Dusack

Schimpfwort mit Interpunktionsfehler.

E

Einladung

1. Gesellschaftlich: Ritual unter Freunden oder Bekannten. Eingeladen wird, um die Gunst eines Menschen zu gewinnen, damit dieser wehrloser gegenüber emotionalen Überfällen wird und aggressive Seitenhiebe besser wegsteckt.
2. Sportlich: Psychologisch-taktische List im Fechten. Wird mit der Absicht angewandt, den Gegner davon abzubringen, gewinnen zu wollen. Eine ausgetüftelte Zeichensprache mit der Waffe ist die Grundlage der Einladungszeremonie. Beispiel: Durch Querstellung der Klinge wird signalisiert „Ich lade dich zum Essen ein, wenn . . .“. Antwortet der Kontrahent mit dem Senken der Klingenspitze, gilt die Einladung als angenommen und der Sieg als sicher. Der Invitator darf sich im Restaurant

Duell

SIE SOLLTEN MICH NIEMALS KARTOFFELNASE NENNEN
....OKAY
SARTIN

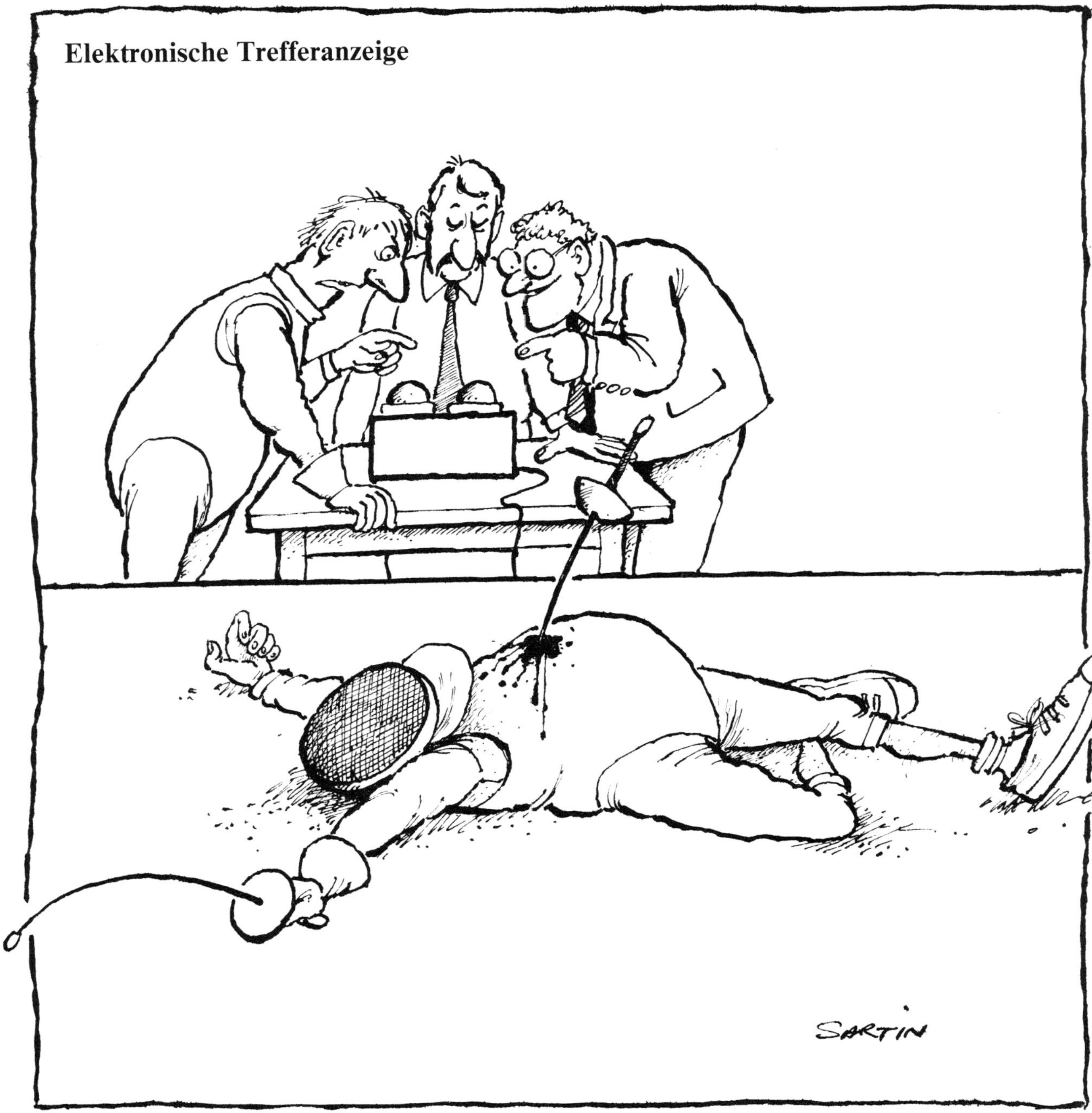

Elektronische Trefferanzeige

natürlich keine Blöße geben, da sonst beim nächsten Aufeinandertreffen eine etwas weiter nach außen gehaltene Waffe (Terz-Einladung) Ärger bedeutet: „Na warte, du Knauser!“

Elektrolyt

Chemische Mixtur aus Mineralstoffen, Säuren, Eisen und Salzen. Löscht den Durst und wird während der Turniere vom Fechter getrunken, um die elektrische Leitfähigkeit des Körpers und damit die Genauigkeit der elektronischen Trefferanzeige (siehe unten) zu erhöhen.

Elektronische Trefferanzeige

Funktioniert ungefähr wie eine Nachttischlampe: Mit der Waffe drückt der Fechter einen auf der Klingenspitze montierten Knopf, der einem Lichtschalter ähnelt, auf die Trefffläche des Gegners, so daß ein Stromkreis geschlossen und der elektrische Impuls über ein Körperkabel zum Melder transportiert wird; dann leuchten Lampen auf, und es klingelt. Leuchten jedoch auf beiden Seiten gleichzeitig Lampen auf, gibt es häufig Kurzschlüsse in den Köpfen der Athleten und Trainer. Defekte kann es ebenfalls geben, wenn Klingenspitzen verrostet sind, sich Knoten im Kabel befinden oder die Elektroweste naß sein sollte, weil sie beim Duschen nicht ausgezogen wurde.

En garde

(anggard: fr.): Kommando, mit dem die Fechter aufgefordert werden, ihre Waffen an der Garderobe abzugeben, wenn sie an offiziellen Festivitäten teilnehmen.

Entrüstung

1. Ausziehen der hieb- und stichfesten Fecht-Klamotten. Seit die Anzüge aus synthetischen Fasern gewebt und genäht werden und nicht mehr aus Blech geschmiedet sind, ist dies ein relativ einfacher Vorgang geworden.
2. Heftige Gefühlsaufwallung, bei der Worte wie Attacken mit dem Schwert wirken und Blicke töten können.

Entwaffnung

Das Ende eines Geschlechterkampfes, verbunden mit der Kapitulation vor dem Traualtar, dem Kauf einer burgähnlichen Eigentumswohnung und der Ausbildung des ritterlichen Nachwuchses.

F

Fechtanzug

Patentierte Körper-Sauna; ist absolut luftundurchlässig. Der dadurch entstehende Hitzestau zwischen Haut und Anzugstoff kann Temperaturen bis 80 Grad Celsius erzeugen und führt zu einem schlagartigen Öffnen der Hautporen. Dies wiederum forciert die Schweiß-Produktion. Der Flüssigkeitsverlust des Kämpfers liegt garantiert bei fünf Litern pro Turniertag. Heftige Schwitzer transpirieren bis zur doppelten Menge. Die Weight Watchers haben sich inzwischen schon um das Copyright für die hermetische Fechtermontur bemüht. Sie soll zukünftig als Kampfanzug gegen die Dickleibigkeit eingesetzt werden.

Fechtclub

Undurchsichtiger Zusammenschluß stumpfer Persönlichkeiten mit abgeschabter Haut, plattgedrückten Haaren und schweißtriefender Kleidung. Sie sind Anhänger der Anstandslehre von Adolf Freiherr von Knigge (1752–1796), also ungeheuer etepetete, etikette- und traditionsbewußt. Das Französische gehört zum guten Ton. Neben der Pflege und Politur der Waffen stehen der geübte Dolchstoß gegen Clubmitglieder oder andere menschenähnliche Wesen sowie das Schüren von Revanche- und Rachegelüsten (Munitionierung der Seele) im Mittelpunkt ihres Vereinslebens.

Entwaffnung

Fechten

Fechten

1. Philosophisch: Es ist die Kunst, zu stoßen, ohne gestoßen zu werden, respektive zu hieben, ohne verhauen zu werden.
2. Geschichtlich: Zusammen mit Boxen und Ringen zu den ältesten Sportarten zählend. Entstand aus dem unerklärlichen Bedürfnis des Menschen, effektivere Tötungsmöglichkeiten zu erfinden. Zuerst griff er zum Knüppel und lernte die Hiebe; dann spitzte er das Holzstück an und übte die Stöße. Später schmiedete er scharfe, eiserne Klingen, um zu kämpfen, anzugreifen und zu verteidigen. In der modernen Zeit hat der Mensch die Klingen wieder stumpf gemacht und nennt es kultiviert sein.

Fechtergruß

Die Kommunikation durch eine Maske hindurch ist zwangsläufig eingeschränkt und mühselig. Das Drahtgeflecht wirkt wie ein Filter, der das Gesprochene dämpft, verzerrt oder bis zur Unverständlichkeit zerstückelt. Der in der Maske eingeklemmte Kiefer ist zudem in seiner Beweglichkeit eingeschränkt, so daß nur ein unartikuliertes Gebrabbel aus dem dunklen Metallgehäuse ertönt. Etwa so: „Da: wurr niemuls oin Trifmmer, dum-m-m ursch." Um zumindest bei der Begrüßung der beiden Kämpfer vor Gefechtsbeginn kommode Umgangsformen zu ermöglichen, wurde Samuel Finley Breese Morse und sein Signal-Alphabet eingeführt. Mit Klingenschlägen können seitdem maskierte Fechter problemlos miteinander „reden": --...--.-.-.---.-.-....- (Guten Tag).

Fechterwelle

Frisur nach dem Abnehmen der Maske. Hat viel Ähnlichkeit mit dem Fell eines naßgewordenen Langhaar-Dackels.

Fechterwende

Sportpolitischer Salto mortale auf der Bonner Bühne, bei dem Opposition und Regierung die Seiten wechseln, um danach vergnüglich ihr Parade-Riposte-Duell fortzusetzen.

Fechtkunst

Sammelbegriff für die unterschiedlichsten künstlerischen Stile, Formen und Arten. Dazu zählen z. B. der Barbarismus, Destruktivismus bzw. Dilettantismus, das Florilegium und der Fleuretismus, das Heldenepos und das Klinggedicht, das Maskenspiel und der Meistersang, das Trauerspiel und die Turnierdichtung.

Fechtschuh

Spezialanfertigung aus Leinen oder Leder. Die mit Saugnäpfen und Riffeln versehene Sohle soll das Ausrutschen auf der Planche vermeiden, was auch der Fall ist, wenn die Schuhe neu und die Fechtbahn alt und uneben sind.

Fechtschule

1. Einzige Lehranstalt, wo die Schüler auf die Lehrer einschlagen dürfen. Dabei erhält derjenige die besten Noten, der dem Pauker die meisten fühlbaren Hiebe zufügt.
2. Art und Weise, wie man einen Menschen niedersticht.
a) Französische: Ein Kavalier kann schweigen.
b) Italienische: Ein Azzurro kann nicht schweigen.
c) Deutsche: Da gibt es nichts zu verschweigen.

Fechtsocke

Umgangssprachlich für Waschlappen. Also für Menschen, denen aus Furcht der Angstschweiß in den unteren Textilien zusammenläuft.

Federkiel

Ein Folterinstrument, das von einer Gans stammt und gewöhnlich von einem Esel betätigt wird. Der Gebrauch des Federkiels ist heute veraltet, doch sein modernes Gegenstück, die Stahlfeder, wird von dem gleichen unvergänglichen Personenkreis geschwungen.

Ferromanie

Sogenannte Eisensucht; trat bisher nur in Fechter-Kreisen auf. Ferromane Menschen erleben häufig zwei Krankheitsstufen.

Fechtsocke
SARTIN

Ferromanie

1. Phase: Sie sind besessen von der fixen Idee, überall eine Fecht-Waffe tragen zu müssen (Musketier-Komplex).
2. Phase: Übergang zum Stadium des leichten Irreseins mit abnorm heiterem Gemütszustand, Enthemmung und Triebsteigerung (Duell-Phobie). Dies ist die Alltagsverfassung eines Fechters.

F.I.E.

Féderation Internationale d'Escrime = Weltverband krimineller Elemente. Die „Gesellschaft", wie die F.I.E. auch genannt wird, hat ihren Hauptsitz in Paris und wurde dort 1913 im berühmten Automobil-Club von Frankreich am Place de la Concorde gegründet.
Zweck der Organisation ist das Ausbaldowern von neuen Überfallmethoden und absolut sicheren Tarnanzügen, die auch nach Untersuchungen vom polizeilichen Erkennungsdienst keine Rückschlüsse auf die Träger derselben zulassen, sowie die Entwicklung von Recycling-Verfahren für verschrottungsreife Waffen.

Filo

1. Richtig geschrieben mit einem „u" am Ende. Titulierung für einen Menschen, der es versteht, sich mit Schläue und Schlitzohrigkeit ein angenehmes Leben zu schaffen. Dazu gehören Alkohol, Essen, Frauen und no sports.
2. Gleitstoß: sexuelle Praktik, die mit dem Fechten nichts, aber auch gar nichts zu tun hat.

Finte

Gastronomischer Treffpunkt, in dem vorwiegend Fechter verkehren und sich verzehren.

Flanke

Entlehnter Begriff aus der Kicker-Sprache: Beschreibt den typischen Wurf von Florett, Degen oder Säbel und dessen Flugbahn vom Trainer zum Fechter.

Fléche	Französisch für Schuppenflechte. Weit verbreitet unter Fechtern, die deshalb weiße Kampfanzüge tragen, damit die herabrieselnden Hautpartikel nicht so deutlich sichtbar sind. Die Masken werden aus diesem Grund ebenfalls gern getragen.
Fleuretismus	Die Kunst, einen Strauß auszufechten (aus 'fioretto', italien. 'kleine Blume', französ. 'fleuret', dt. 'Florett')...
Florett	Winziges, längliches Insekt, das fast ausschließlich in Waffensäcken zu finden ist. Gedeiht dort aufgrund des feucht-warmen Milieus besonders gut. Ernährt sich von Eisensplittern und Textilfasern, lieber aber von Keksbröseln,Schokoladenraspeln und ausgelaufenem Dosenbier. Löst beim Fechter, wenn der Flo-Kot mit der Haut in Berührung kommt, einen unangenehmen, heftigen Juckreiz aus, welcher Ursache für die merkwürdigen Hüpfer der Athleten auf der Planche (dieser Begriff wird später mangelhaft erklärt) ist. Bekämpfungsmöglichkeit: Fehlanzeige.
Fortsetzungsangriff	13teilige Fernsehserie, die den TV-Zuschauer vor der Mattscheibe ermatten läßt.
Friesenkampf	Traditioneller, sportartenübergreifender Wettbewerb mit folgenden Disziplinen: Schwimmen in Seitenlage, Teebeutel-Weitwurf, Mistforken-Fechten, Voltigieren auf einer Kuh.
Fußtreffer	Der Erdmagnetismus wirkt besonders auf Eisen ein. Da Klingen aus diesem Material geschmiedet sind, nimmt aus physikalisch-physischen Gründen die Häufigkeit der Fußtreffer im Verlauf eines Gefechtes zu, weil abwärts führende Stöße wegen der Anziehungskraft der Erde im Sinne des Wortes leichter fallen. Zählen allerdings nur bis Schuhgröße 45.

Fußtreffer

Gegenangriff

G

Gal

1. (Kurzwort für den Namen Galileo Galilei). Das Gal ist die physikalische Einheit der Beschleunigung zweier aufeinander zufliegender Fechtklingen.
2. Hamburger Umweltpartei, die Fechten für eine neue Strickmethode hält.

Gefecht

Undurchschaubares Klingen-Knäuel (siehe Gal, 2.).

Gegenangriff

Unbeherrschtes Verhalten eines ungeduldigen Fechters, der nicht abwarten kann, bis er getroffen ist.

Gegentempo

Appell zur Reduzierung der Hieb- und Stoßgeschwindigkeit. Geworben wird dafür mit folgendem Slogan: „Sei lieb und verringere den Hieb“. Angestrebt wird ein Tempolimit von 30 Km/h, um potentiellen Verletzungen beim Kreuzen von Klingen vorzubeugen. Vom Bundesverband der Fechtwaffen-Produzenten wird diese Begrenzung abgelehnt, da sonst zukünftig keine Klingen mehr brechen würden.

Gerichtlicher Zweikampf

Altgermanischer Brauch des Gerichtsentscheides durch Zweikampf. Er war Beweisverfahren, Urteil und Strafe in einem. Und ein erster Schritt in Richtung Emanzipation auf der Planche: Denn um den Kraftunterschied der Geschlechter auszugleichen, stand der Mann bis zur Hüfte in einer Grube, während die Frau mit dem fünf Pfund schweren Streitkolben auf ihn einschlug. Auf dem 36. Deutschen Juristentag in Bad Kreuznach wurde über die Wiedereinführung dieses traditionellen Verfahrens – allerdings kontrovers – diskutiert, da die Prozeßlawine an deutschen Gerichten erschlagende Dimensionen angenommen hat. Einig waren sich die vorwiegend männlichen Juristen jedoch darüber, daß der Abstieg in die Grube nicht mehr zeitgemäß ist.

Gewalt Wird von den Fechtern grundsätzlich abgelehnt, aber angewandt.

Gladiatoren
1. Früher: Fechten verbunden mit Sklaverei
2. Heute: Fechten verbunden mit Sklaverei

(Der moderne Ausdruck für 2. heißt „Nationalfechter").

Glocke Silbermetallischer Handschutz am Degen; trifft der Kontrahent dennoch eine Partie der Hand, hört man vor Schmerz die Glocken läuten.

Griff Möglichkeit, sich an der Fechtwaffe festzuhalten. Man unterscheidet zwei verschiedene Griffe: a) den orthopädischen, der wie Schuheinlagen für krankhafte oder irreversibel verbogene Hände (Senk- und Spreizfinger) extra angefertigt wird, und b) den Pistolengriff, der wie der Griff einer Feuerwaffe geformt ist – nur daß der Abzugshebel aus Fairneßgründen entfernt wurde.

H

Halbkreisparade Unvollendete Verteidigungsaktion, bei welcher die andere Hälfte des Kreises fehlt. Die Ursache für diese unwillkürlich abgebrochene Bewegung ist noch nicht befriedigend erforscht. Eine Theorie geht davon aus, daß ein Zusammenhang mit den Mondphasen besteht. Diese sogenannte Klingen-, Hub- oder

Gladiatoren

Haudegen

auch Fecht-Gezeiten-Theorie besagt, daß bei zunehmendem Mond die Kampfbereitschaft abebbt und umgekehrt.

Harnisch	1. Brustpanzer; sind nach Einführung von muskelaufbauenden und -verhärtenden Anabolika unnötig geworden. 2. Jemanden in Wut bringen; ist nach Einführung von Anabolika nicht mehr möglich, da die Sportler sich meistens in deliriösem Zustand befinden.
Haudegen	Unverwüstliche Menschen, die auch nach vier Lebensjahrzehnten dem Gestocher mit zwei Stahlstäben noch etwas abgewinnen können. Sind vom Aussterben bedroht und stehen bereits auf der Liste der selten gewordenen Sportlertypen.
Helm	Eiserner Safe für den Kopf: Schützt nur das Haupt vor Verletzungen, nicht aber andere vor Verletzungen, die aus ihm hervorgehen.
Hieb	1. Handgreifliches Mittel gegen unanfechtbare Tatsachen. Oder: Der schlagende Beweis gegen stichhaltige Gründe. 2. Schmerzlich empfundener Schicksalsschlag, wenn das Kind den Eltern mitteilt, fechten zu wollen.
Hitchcock	Maßeinheit, die den Spannungsgehalt eines Gefechts quantifiziert. Benannt nach dem englischen Regisseur Alfred Hitchcock.
Hoffnungslauf	Gnadenakt für Fechter, die in der Direktausscheidung rausgeflogen sind. Letzte Chance, Hoffnung und Glauben daran zu verlieren, wirklich die richtige Sportart ausgewählt zu haben.
Horizontalterz	Protest gegen fechterische Tiefflüge.

I

Index 1

Das dritte Fecht-Konzil 1988 in Rom hat angesichts der rasanten technisch-athletischen Entwicklung dieses Waffensports einen neuen Werte- und Ehrenkodex verabschiedet. Kernstück ist ein Verzeichnis (Index) von moralisch zweifelhaften Handlungen auf der Fechtbahn, die auf den Dichterphilosophen und Schustermeister Hans Sachs (1494–1576) zurückgehen, der sie in seinen Worten folgendermaßen anprangerte: „Bain-brüch, Hodn-stöss und armbrechen/Mordstöss, finger-brüch, zumgsicht-stechen."

Index 2

Englisch für Zeigefinger; Gliedmaß, mit dem der Meister seinen Schülern das Fecht-ABC beibringt.

Inkontro

1. Außer Kontrolle geratenes Gefecht.
2. Außer Kontrolle geratenes Bankkonto eines Fechters.

Isometrik

Iso = Gleich, Metrik = Maß: Rationelle Krafttrainingsmethode im Fechten, bei der die Muskulatur ohne Veränderung bleibt.

J

J

Erster Buchstabe, der die Trefferquote des satirischen Verstandes stark einschränkt.

Jungfernstechen

Überliefertes, moralisch völlig integres Fechterspiel zu Pferde. Bei dem vorwiegend in Schleswig-Holstein – das ist nordische

Jungfernstechen
SARTIN

Kampfgericht

Phantasie – ausgeübten Reiterspiel muß eine aufgehängte Puppe in Frauenkleidern mit einer Lanze von einem Reiter in vollem Galopp getroffen werden. Dies hat allerdings zu einem Aufgalopp der emanzipierten Weiblichkeit geführt, die nun auch mitstechen wollte – natürlich auf ausgestopfte und aufgeknüpfte Männer.

Jury d'Appel Höchstes internationales Kampfgericht zur Anrufung in Zweifelsfragen oder als Berufungsinstanz. Funktioniert wie eine TV-Talkshow: Es ist mit zweitklassigen Darstellern besetzt, die viel reden, wenig aussagen, nichts verstehen, aber alles beurteilen.

K

Kampfgericht Aufgetischte Mahlzeit, die den allgemeinen Geschmacksnormen weder entspricht noch entspringt und beim Verzehr einen Würge- beziehungsweise Brechreiz hervorruft.

Kampfunterbrechung Verdauungszeit (siehe Kampfgericht).

Kampfzeit Zeitspanne während eines Turniers, die die Ruhe des Fechters empfindlich stört. Bewegungszwang besteht nicht, die Regel schreibt aber aufrechte Haltung vor. Die Zeit ist rein, Pausen werden also nicht mitgerechnet. Nicht als Unterbrechungen werden notwendige Reparaturarbeiten an der Waffe, Schnürsenkelbinden, Brillen putzen und Diskussionen mit dem Obmann gewertet.

Kevlar Synthetische Faser, aus der Fechtanzüge gewebt und genäht werden. Stammt aus dem isländischen Dorf Kevlarwyk und ist extrem widerstandsfähig und reißfest. Dies wird erreicht, indem die Faser über Geysir-Dämpfen gesponnen wird, was zu einer größeren Verdichtung und Kompaktheit des Materials führt.

Klinge

Entscheidender Teil der Fechtwaffe, der nicht länger als 90 cm sein darf. Besteht aus eisenhaltigem Material und soll absolut abbruchsicher sein. Der Name rührt von dem hellen Klang her, der beim Kontakt der Schneiden ausgelöst wird.

Klingengeld

1. Anfänger haben es überall schwer, dies gilt besonders für Fecht-Lehrlinge. Sie müssen nicht nur Lehr-, sondern auch viel Klingengeld zahlen, gehen ihnen doch wegen ihrer Ungeschicklichkeit die meisten Klingen entzwei.
2. Valuta im internationalen Fechtsport.

Klingenspiel

Ouvertüre eines Duells in Oktav, Prim, Quint, Quart, Second, Septim oder Sixt. Über die fechterischen Musikbarrieren hinweg sind Werke von Beck, Fichtel, Hanisch und Fischer bekannt geworden. Zum Klassiker avancierte das symphonische Konzert „Auszug aus Tauberbischofsheim“ – ein Stück für Streich- und Schlaginstrumente.

Körperkabel

Elektrisch geladene Schnur, die den vermummten Fechter während des Gefechts mit der Außenwelt verbindet. Ursprünglich zur Übermittlung des Trefferimpulses von der Waffenspitze bis zum Elektromelder verwendet. Funktioniert nach dem Prinzip neumodischer Hundeleinen, die auf mechanischen Kabelrollen aufgerollt sind und Tier wie Mensch das Gefühl größerer Freiheit geben. Im Zeitalter der Glasfaser-Verkabelung sind auch die Funktionen des Körperkabels im Fechten enorm erweitert worden. Der Fechter kann nun während des Gefechtes mehrere TV-Programme sowie zahlreiche Hörfunk-

Körperkabel
SARTIN

Kreuzschritt

sendungen empfangen. Außerdem kann er über die Quart-Frequenz von seinem Trainer direkt gecoacht werden sowie über die Terz-Welle seinen Gegner beschimpfen.

Kontrollgewicht Zylindrisches Prüfgerät zum Wiegen von Körpern. Um den immer wieder auftretenden, wettbewerbsverzerrenden Größen- und Gewichtsunterschied von Fechtern auszugleichen, werden ab 1992 wie im Ringen, Boxen oder Judo Gewichtsklassen eingeführt. Vorschläge für die Klassenbezeichnungen und -Quantifizierungen: Junior-Federkielgewicht (bis 47,5 kg), Federkielgewicht (bis 55,5 kg), Dolchgewicht (bis 60 kg), Superdolchgewicht (bis 67,5 kg), Halbschwertgewicht (bis 73 kg) und Schwertgewicht (über 73 kg).

Kreisfinte Hypnotisierende, zirkulierende Bewegungen mit der Klingenspitze, die den Gegner schläfrig werden lassen und den Angreifer ermüden.

Kreisstoß Regional begrenzter Fecht-Wettbewerb, an dem mehr als zwei und höchstens drei Starter teilnehmen.

Kreuzschritt 1. Fehlgeschlagener Versuch, einen Schritt vorwärts zu machen. Entsteht, wenn das rechte Bein in Konkurrenz zum linken treten will – oder umgekehrt.
2. Ritualisierte Handlung eines religiösen Fechters.

L

La Pression Druckbindung = Fechterehe.

Lektion

Einzelunterricht; verschärfteste Form, einem Individuum etwas einzubleuen, was er nicht braucht, nicht verstehen will und wozu er keine Lust hat. Im Fechten: Es dennoch zu versuchen.

Linie

a) Keine haben: Festzustellen in gefechtsähnlichen Situationen, die so spannend und interessant sind wie zwei parallel nebeneinander verlaufende Linien, von denen man annimmt, daß sie sich im Unendlichen treffen.
b) Eine haben: Menschen bis Konfektionsgröße 50.

M

Manipulation

Böswilliges Gerücht, daß es illegale Unregelmäßigkeiten geben soll, und an dem natürlich was dran ist. Im Fechten unterscheidet man vier „undurchsichtige Kniffe" (Def. laut Duden):
1. Der Obmann entscheidet unter Nichtberücksichtigung des Regelwerks über die Korrektheit von Kampfhandlungen.
2. Der Obmann kennt die Regeln gar nicht, dafür aber seine Kontonummer auswendig.
3. Der Fechter kämpft unter Nichtberücksichtigung des Regelwerks.
4. Der Fechter kennt die Regeln gar nicht, dafür aber seine Kontonummer auswendig.

Mannschaftskämpfe

Etikettenschwindel; Nach wie vor finden immer nur zwei Kämpfer zur gleichen Zeit auf einer Fechtbahn Platz.

Maraging

1. Vergangenheitsform von Marathon.
2. Name für eine Metallegierung, aus der Klingen geschmiedet

Manipulation

Maske

werden, die von ähnlicher Haltbarkeit sein sollten wie die Schnürsenkel der 42,195-Kilometer-Läufer.

Maske

Die Maske der Fechter. Sie verbirgt den empfindlichsten Teil des Kopfes hinter einem engmaschigen Drahtgeflecht und hat verschiedene Funktionen:

1. Tarnfunktion: Durch die dadurch gewährleistete Anonymität haben die Duellanten das Gefühl größerer Chancengleichheit und verfallen nicht sofort in Angst und Schrecken, wenn der Gegner Weltmeister oder Olympiasieger ist. Dies ändert dennoch selten etwas am Ausgang eines Gefechts.
2. Telegenitätsfunktion: Durch das Tragen von Masken wird diese ohnehin undurchschaubare Sportart für das Fernsehen interessanter, da es die Fechtkämpfe auch als Szenen aus Grusel- oder Geisterfilmen „verkaufen“ kann.
3. Freizeitfunktion: Die Maske kann ohne große Veränderungen bei karnevalistischen Vergnügungen, Faschings-Feten, oder Masken-Bällen getragen werden.
4. Doppelfunktion: Neuerdings auch im Imkerei-Fachhandel erhältlich.

Maskengitter

Fechter-Gardinen.

Meister

Unbescheidener Titel für Trainer im Fechten. Unterscheidet sich von dem gemeinen „sportlichen Ausbilder und Betreuer einer Mannschaft, eines Einzelsportlers oder eines Pferdes“ (Sport-Brockhaus, 1982) nur dadurch, daß Pferde noch nicht fechten.

Mensur

Rasiertechnik, die aus dem Säbelfechten entwickelt wurde. Dabei werden die Bartstoppeln mit der Klinge stakkatoartig abgehauen. Da diese Art der Naßrasur einige Übung erfordert, sollte zu Anfang mit Drei-Tage-Bärten begonnen werden.

Mentales Training

Intellektuelle, nicht schweißtreibende Form des Trainings, die 1968 von dem Sportwissenschaftler Salchow Mentales in Berlin entwickelt wurde. MT bedeutet eigentlich nur, daß man sich im Kopf planmäßig und immer wieder bewußt vorstellt, wie man irgendwann einmal bestimmte Muskeln zwecks einer Handlung bewegen will. „Dieses Sich-Vorstellen sollte und kann so intensiv sein, daß es zu einer, wenn auch geringfügigen Kontraktion derjenigen Muskeln führt, die bei dem angesprochenen Bewegungsablauf tatsächlich arbeiten müßten." (McBeckmesser, Hallig Hooge).
Feldversuche zur Erforschung dieses Phänomens bei pubertierenden Sporttalenten haben erstaunliche Resultate hervorgebracht.

Morgenstern

Mittelalterliche Waffe; soll auf Initiative mehrerer asiatischer Fechterbünde wieder Bestandteil des Wettkampfprogramms werden, nachdem sogar der Damendegen aufgenommen wurde. Der Morgenstern ist ehemals aus der schlichten Keule entstanden und besteht aus einer hölzernen Stange, die sich am vorderen Teil verdickt und mit Reihen vierkantiger eiserner Spitzen bestückt ist. Es sind jedoch auch Modelle bekannt, bei denen die zackige Eisenkugel durch eine kurze Kette mehr Flexibilität erhält. Mit der Aufnahme in das olympische Programm ist allerdings nicht vor 2004 zu rechnen, da bei dieser Hiebwaffe das technische Problem der elektronischen Trefferanzeige noch nicht gelöst ist. Neuralgischer Punkt der Verkabelungs-Debatte: Soll schon bei einem Aufpralldruck von fünf Kilogramm pro Körperzentimeter der Treffer angezeigt werden oder erst bei 7,5 kg?

Motion

Abgehackte E/motion.

Morgenstern

Muskeltier

Muskeltier Einziges Tier, von dem bekannt ist, daß es gefochten hat. Ist im 16. Jahrhundert ausgestorben. Taucht auf mystische Weise aber immer wieder auf, wenn mehr als zwei Fechter zusammentreffen. Beweise für deren Existenz konnten bislang ebenso wenig beigebracht werden wie die für die vermeintliche Rückkehr des Ungeheuers von Loch Ness oder des Schneemenschen.

N

Nachgebungsparade Hängt vom Intelligenzquotienten (IQ) ab: je höher der IQ, desto größer die Bereitschaft nachzugeben.

Nahkampf Erotisches Vergnügen, bei dem die Mensur durchbrochen wird (siehe Corps à Corps).

Nullösung Nachrüstungs-Beschränkung; Beschluß des Weltverbandes aus dem Jahre 1987, die mondiale Produktion von Fecht-Klingen auf 20 000 Stück zu begrenzen, um die Überlegenheit der UdSSR auf dem konventionellen Klingen-Sektor auszubalancieren. Die Sowjets haben im Zuge von Glasnost und Perestroika bereits mit der Verschrottung von überzähligen Klingen begonnen. Während im Bereich der kurzreichenden Waffen dadurch ein Gleichstand erreicht wurde, gibt es auf Degen und Florett (Reichweite von ausgestrecktem Arm und Waffe bis 2,05 Meter) noch eine erhebliche Disparität. Diese soll nach Vorstellungen der EWDU (European Weapon Development Union) durch die Herstellung von völlig bruchsicheren und verschleißfreundlicheren Schneiden kompensiert werden.

O

Obmann

Exakte Bezeichnung für den Funktionär, der vor internationalen Fecht-Titelkämpfen die Geschlechtstests durchführt. Da die Wettbewerbsteilnehmer maskiert erscheinen, ist diese Kontrolle – obMann oder obFrau hinter der Maske steckt – unerläßlich. Auch der offensichtliche Nachweis von hervorstechenden Wölbungen im oberen Brustbereich bzw. das Fehlen solcher reicht nicht als Beweis für die Zugehörigkeit zu einem bestimmten Geschlecht. Zum Nachweis von Männlich- und Weiblichkeit muß der Fechter sich deshalb unter Aufsicht des Obmanns ein Haar ausreißen, das dann unter dem Elektronenmikroskop analysiert wird und zweifelsfrei den „kleinen Unterschied" zeigt.

P

Parade

1. Aufmarsch von Ideen zur Abwehr gegnerischer Heimtücke.
2. Aufmarsch von Funktionären beim Festbankett.

Pas de touche

Kein Treffer! Häufigstes Fechter-Erlebnis.

Patinando

Begriff aus der Beinarbeit. Damit wird eine verzwickte Schrittkombination (Schritt vorwärts – Ausfall . . .) bezeichnet, bei deren Ausführung soviel Zeit vergeht, daß die Stahlklinge in dem mit Schweißausdünstungen geschwängerten Fechtsaal leicht oxydiert. Diese aus dem Oxydationsprozeß entstehende Schicht auf den Schneiden nennt man Patina.

Obmann

Pauken

Paukbodenwichs Fechtanzug für Studenten; besteht nur aus Bandagen, die wahrscheinlich schon zur Einbalsamierung ägyptischer Pharaonen benutzt wurden. Sind absolut gefühlsecht und durchstoßsicher.

Pauken Studentensprache: Sich mit scharfen Waffen schlagen. Traditionelle sportliche Übung für Studenten, deren Intelligenz für die wissenschaftliche Forschung nicht ausreicht.

Pistolengriff Speziell geformte Kontaktfläche am unteren Ende eines Degens. Der eher aus der Ballistik stammende Name hat im Fechten eine historische Bedeutung: Europa war ein Spätzünder, was die Entwicklung des Schießpulvers angeht. Erst dreihundert Jahre nach den Chinesen hielt im 15. Jahrhundert das Schießpulver Einzug in unseren Kulturkreis und verdrängte, einhergehend mit der Konstruktion von Vorderlader-Büchsen, die Schlagwaffen vom ersten Platz der Mordinstrumente-Hitliste. Um in dieser schwierigen Periode der europäischen Waffengeschichte die Attraktion von Degen, Florett und Säbel zu erhalten, erfanden pfiffige Mitglieder der Fechter-Zünfte den Pistolengriff, der dem Fechter das Gefühl gab, eine Pistole in der Hand zu haben, mit der er sein Minderwertigkeitsgefühl kompensieren konnte. Den Pistolengriff gibt es deshalb auch heute noch.

Planche 1. Kampfplattform; besteht aus Kupfer und ist wegen Hochspannung der Duelle geerdet.
2. Von französischen Klingenkreuzern geprägter Begriff für „die Bretter, die die Welt bedeuten".
3. Flüssigkeits-Sammelbehälter für extreme Schwitzer (sprich: plansch).

Plastron	Verhütungsmittel aus Plastik.
Prim	Kreislaufstimulierender Kautabak – steht nicht auf der vom Weltkongreß der Sportärzte herausgegebenen Doping-Liste.
Pris de fer	Dosis eines eisenhaltigen Präparats zur Vorbeugung von Gelenkverkalkungen.
Pusch'sches Prinzip	Ungeschriebenes Gesetz des berühmten Fechters und Meisters Alexander („der Große") Pusch, dessen weitverbreiteter Wahlspruch lautet: „Lieber ein Morgenstern am Himmel als im Kopf." Das von ihm entwickelte Prinzip beschreibt erstmals die Gesetzmäßigkeit des Treffens: Danach hängt die Genauigkeit der Klingenführung mit den Mondphasen zusammen. Analog des Ebbe-Flut-Phänomens führt ein zunehmender Mond zu abnehmender Zielpräzision bei zunehmendem Klingenhub. Einfach ausgedrückt: Bei Vollmond ist die Gefahr des Danebenstoßens am größten, weil die magnetische Kraft des parasitären Planeten der Waffe einen fast unmerklichen, aber entscheidenden Drall himmelwärts gibt. Pusch brachte es auf die kurze Formel: „Bei Mondenschein laß' das Fechten lieber sein."

Q

Quast	Ungefährliche Hieb- und Stichwaffe.
Quese	Bluterguß, der sich in eine Blase ergießt und sich in Etappen von rot über lila am Ende schwarz färbt. Gehört zu den Qualen eines Anfängers, der sich aus Angst zu verkrampft an die Waffe hängt.

Plastron

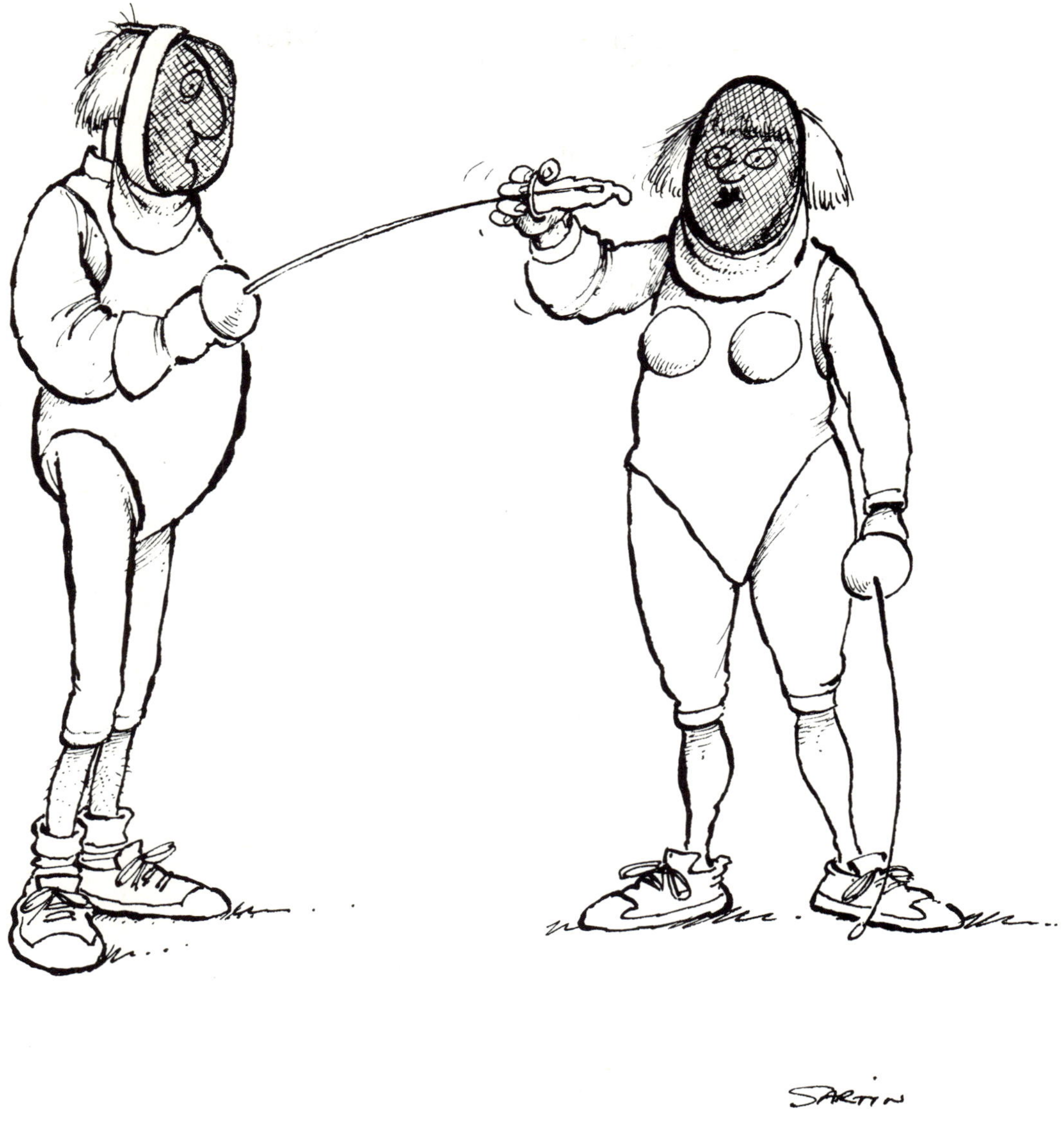

Regelwerk
SARTIN

R

Redoublement

Ersetzen eines Fechters durch einen gleichwertigen, ähnlich ausschauenden Athleten. Das Doubeln oder Auswechseln kann in aussichtslosen Kampfsituationen, bei brutalen Attakken oder waghalsigen Angriffen Vorteile für den gedoubelten Fechter bringen.

Regelwerk

Der internationale Fecht-Verband (FIE) hat ein Regelwerk herausgegeben, das rund 800 Randziffern – dies ist die Verniedlichungsform von Gesetz – umfaßt und damit den Reimen der Nürnberger Meistersinger Konkurrenz macht. Würden alle Regeln eingehalten, wären Duelle nur eine Abfolge von Standbildern.

Reprise

Rückenwind beim Angriff; ist allerdings nur bis 1,8 Beaufort zulässig. Testversuche im Windkanal haben ergeben, daß Fechter besonders aerodynamisch sind. Ihre exzellente Windschlüpfrigkeit hängt mit der entenartigen Beinarbeit zusammen, wobei der Athlet so tief wie möglich in die Hocke geht. Hier nun greift das Theodor-Storm'sche Gesetz. Dies besagt: Je näher ein Körper oder Ding dem Boden kommt, desto geringer ist dessen Luftwiderstand.

Rimesse

Ökumenischer Dankgottesdienst nach internationalen Großveranstaltungen, bei denen weniger als dreißig Klingen zerbrochen sind.

Riposte

Ärgernis, von dem auch Fechter auf Reisen nicht verschont bleiben: Briefe, Ansichtskarten oder gar Päckchen erreichen ihren Adressaten nicht und kehren an den Absender zurück.

Ritter

Mittelalterlicher Stand, der den Schwertkampf kultivierte. Der Dichter Thomas von Bethanien hat in einem bekannten Minnegesang die Rittersleut' trefflich charakterisiert:

Der Kern ist Fleisch, die Schale Blech,
Innerlich weich, doch äußerst frech,
Hingegeben ganz der Minne,
Tags darauf nur Kampf im Sinne.
Fiel beim Spiel aus Spott ein Wort,
Wurde Sport einst schnell zum Mord.
Doch im Sportbereich von heute
Gilt nur die Schokoladenseite;
Manchmal zart –
Und manchmal bitter.
Und von der räuberischen Art
Auf Kreuzzug und im Schlachtgewitter
Ja, so warn's und sind's die Leute,
Immer geht's um fette Beute;
Manche, ganz besonders smart,
Leben von den Spesen Dritter!

Roboter, fechtender

Maschine, die vollautomatisch ficht. Die Mikrochips im Elektronenhirn des Fecht-Roboters wurden mit 355 924 verschiedenen Fecht-Aktionen programmiert. Der Automat reagiert perfekt auf den menschlichen Trainingspartner, indem er dessen Bewegungen mit einer Infrarot-Sonde registriert und analysiert. Wahlweise kann der Robotnik auf Rechts- und Linkshänder eingestellt werden. Bisher jedoch konnte dieses computergesteuerte Modell nicht in die Serienproduktion gehen, weil der Roboter beim Fechten noch stark transpirierte, so daß die Metallgelenke einrosteten und die Elektronik durch Kurzschlüsse außer Gefecht gesetzt wurde.

Ritter

Säbelfechter

Rost

An der Oberfläche von Eisen sich bildendes braunrotes Eisenoxyd, dem jährlich 15 Prozent der Klingenproduktion zum Opfer fallen. In der fechtspezifischen Trainingslehre hat die Rost-Ist-Zustands-Analyse einen exponierten Rang. Während in anderen Sportarten durch Blutuntersuchungen das Leistungsvermögen eines Athleten festgestellt werden kann, wird im Fechten der Verrostungsgrad der Klinge als Parameter herangezogen. Für Laien mag die Faustregel „Viel Rost – wenig Training" als vereinfachende Erklärung genügen.

S

Säbel

500 Gramm schwere und 105 Zentimeter lange Hieb- und Stichwaffe für unverbesserliche Idealisten, die weder Spaß haben wollen, noch eine Karriere im Sport anstreben und stets unter Ausschluß der Öffentlichkeit agieren. Um dem Gegner mit dieser einzigen Hiebwaffe kunstgerecht den Rücken zu perforieren, bedarf es einer zehnjährigen Lehrzeit und eines weiteren Jahrzehnts, um eventuell in die Weltspitze aufzusteigen. Dort gerade angekommen, beenden die meisten Sabreure kurz vor Erreichen des Rentenalters ihre Laufbahn. Der Säbel ist im übrigen die letzte Waffe (siehe auch Morgenstern), die verkabelt wurde. Mit der elektronischen Trefferanzeige können – dies haben Sportmediziner gefordert – nicht nur die Gültigkeit von Stößen und Hieben festgestellt, sondern auch die Schmerzintensität der Schläge gemessen werden.

Säbelfechter

1. Stabiler Charakter, der trotz aller Warnungen zum Säbel griff.
2. Unsicherer Charakter, der nicht die Kraft aufgebracht hat, den Säbel wieder beiseite zu legen.

3. Charakter überhaupt: Ist der Mut zur Monotonie.

Sala d'armi

Kleiner Ort im Süden des italienischen Stiefels, wo die Nationalwurst noch mit Degen oder Florett geschnitten wird.

Sandwich-Klinge

Ein vom offiziellen Olympia-Ausrüster Mac Drumdreist geschmiedetes Produkt. Funktioniert nach dem Doppel-Whopper-Prinzip: Eine harte Metallschicht wird von einer weicheren Legierung umhüllt, was zur Folge hat, daß man sich nur biegt und nicht bricht. Den Waffenmeistern ist jedoch der Appetit an diesem eisernen Sandwich vergangen – sie zogen es aus dem Verk(z)ehr.

Schießpulver

Explosives Ende der Vorherrschaft des Fechtens als dominierende Form des bewaffneten Kampfes.

Schlagfertigkeit

Eine Erwiderung in Form einer vorsichtigen Beleidigung. Wird von Menschen mit einer Abneigung gegen Gewalttätigkeit, aber mit starkem Beleidigungsdrang ausgeübt.

Schmiede

Man unterscheidet zwei Arten von Schmieden:
1. Waffenschmiede: Fabrikationsstätte von eisernen Waffen.
2. Medaillenschmiede: Fabrikationsstätte von Menschen für die Waffen.

Schmiß

Vernarbte Schnittwunde im Gesicht; Erkennungsmerkmal von Fechtern, die einen Stich haben.

Schwertfisch

Einziges bekanntes Lebewesen, das nicht an Land ficht. Es hat sich im Gegensatz zur allgemeinen evolutionären Entwicklung vom Land ins Meer zurückgezogen. Der Grund für das Streben nach Grundlosigkeit: Als die ersten Fechter der Welt merkten, wie immens schwierig die Kunst des Schwertkampfes ist,

Schießpulver
SARTIN.

Seitensprung

stürzten sie sich wieder ins Wasser. Denn im maritimen Reich funktioniert alles schwereloser – auch das Fechten. Einziger Nachteil: Die Klingen rosten zu schnell und sind stets vom Algenbewuchs bedroht . . .

Seitensprung

1. Sportlich: Unkonventionelles, aber toleriertes Verhalten während eines Gefechts.
2. Gesellschaftlich: Unkonventionelles, aber toleriertes Verhalten im Eifer des Gefechts.

Sperrstunde

Ausgangsverbot in Orten, in denen gefochten wird.

Sperrung

Wegen der Gefährlichkeit des Fechtens werden Trainings- und Wettkampfstätten weiträumig abgesperrt. Im Verkehrsfunk werden dazu folgende Hinweise gegeben: „Aufgrund erhöhten Klingen-Aufkommens kann es zu erheblichen Behinderungen kommen. Mit Stößen in den Rücken muß in einem Umkreis von drei Kilometern gerechnet werden. Bitte weichen Sie rechtzeitig auf die entschärften Umleitungsstrecken aus."

Spiegelfechterei

1. Ausdauertraining für Politiker, die die konditionellen Voraussetzungen schaffen wollen, um leere Worthülsen zu füllen.
2. Rubrik im Sportteil eines deutschen Nachrichtenmagazins.

Spießbürger

Ursprüngliche Bezeichnung für ärmere Bürger im Mittelalter, die nur mit einem Spieß bewaffnet waren. Heute der Name für Bürger, die sich zwar alle Waffen leisten können, aber nicht von hier bis zur Degenspitze denken und die Welt so kleinkariert betrachten wie durch das Drahtgeflecht einer Fechtmaske.

Stichwort

Letzter artikulierter Laut eines Fechters nach einem erhaltenen Treffer.

Sturzangriff

Gewagte Attacke mit meist ungewissem Ausgang. Funktioniert nach dem Prinzip einer umfallenden Puppe: Der Angreifende beugt seinen Oberkörper so weit nach vorne, bis er aus dem Gleichgewicht gerät, die Balance verliert und dem Gegner entgegenfällt. Durch die ruckartige Vorwärtsbewegung und die dadurch erzielte Beschleunigung kann der Kontrahent nur schwerlich reagieren. In asiatischen Ländern, vornehmlich in Japan, spricht man auch von einem Kamikaze-Angriff.

T

Tauberbischofsheim

Bisher einzige Stadt in Deutschland, die von Fechtern regiert wird. Verwaltet wird die 50 000 Einwohner zählende Gemeinde von einem Stadtrat, der nach einem bestimmten Waffenproporz mit Degen-, Florett- und Säbel-Abgeordneten besetzt ist. Neben der allgemeinen Schulpflicht wurde auch die Fechtpflicht für Kinder im Vorschulalter eingeführt. Haupteinnahmequelle der Stadt sind die Klingensteuer und der Export von Fecht-Software mit dem Beck-Programm (siehe Beck) unter dem Gütesiegel „TBB“.

T. D.

Konspirative Vereinigung, die unter dem Decknamen „Technisches Direktorium“ den Ablauf von Fecht-Wettbewerben sabotiert. Erkennungsmerkmal ihrer Mitglieder: Sie tragen selten seidene, aber oft aus Polyester bestehende Dolche um den Hals.

Tempo commune

Gleiches Tempo – gemeinschaftlich genutztes Papiertaschentuch.

Sturzangriff

Theaterfechten

Terz

Bestimmte Klingenhaltung, in der der gesamte Frust eines Fechterlebens zum Ausdruck kommt. Begleitet wird diese offenkundig aggressive Drohgebärde durch einen Wortschwall, der drei Ton-Intervalle locker überspringt. In diesem Fall spricht man auch gern vom Tertius gaudens, dem lachenden Dritten (wenn zwei sich streiten).

Theaterfechten

Form der öffentlichen Leibesübung, die weder mit Kunst noch mit Sport etwas zu tun hat, wenn Schauspieler sie betreiben. Hat hingegen viel mit Schau und Kunst, aber wenig mit Sport zu tun, wenn Fechter Theater spielen.

Treffer

Zentralbegriff dieses Sports! Um die Bedeutung zu erklären, sollten Sie, der Leser, zu einem Spiel angeregt werden. Dazu müssen Sie gleich das Wörterbuch kurzfristig zuklappen und Ihre Neugier bezähmen, auch wenn nach „T“ noch so spannende Überraschungen auf Sie warten. Doch bevor Sie das Meisterwerk aus der Hand legen, versuchen Sie sich einen der zuvor gelesenen Begriffe ins Gedächtnis zurückzurufen. Zum Beispiel so eingängige Worte wie Balestra, Halbkreisparade oder Paukbodenwichs. Nun schlagen Sie das Buch zu und versuchen mit einem Aufschlag den ausgedachten Begriff zu finden. Haben sie es auf Anhieb geschafft, spricht man von einem „Treffer“. Sollten Sie das Wort „Treffer“ selbst ausgewählt und beim ersten Versuch getroffen haben, spricht man von einem Doppeltreffer! Mit der Mitmach-Aufschlag-Methode kann fast die ganze Wesenheit des Fechtens transparent gemacht werden, ohne daß Sie eine Waffe in die Hand nehmen müssen. Nehmen wir noch den Begriff „Cavation“. Dieser ist auf Seite 30 zu finden – schauen Sie mal nach. Ach, Sie haben ihn nicht gefunden. Können Sie auch nicht, denn in Wahrheit ist er auf Seite 18 abgedruckt: Das war eine „Finte“. Sie können dieses

Gesellschaftsspiel x-beliebig fortsetzen, es ist im Buchpreis mitinbegriffen.

Trefffläche

1. Eingegrenzter Körperbezirk, der zum Malträtieren freigegeben ist. Erkennbar durch eine hohe Konzentration von blauen Flecken.
2. Trefffläche: Konrad Dudens grammatikaler Anschlag auf die deutsche Sprache.

Treffervorrecht

Siehe Manipulation.

Turnier

a) Mittelalterlich: ritterliches Kampfspiel, bei dem um Geld, Geltung und die Gunst der Frauen gebuhlt wurde.
b) 20. Jahrhundert: sportliches Kampfspiel, bei dem um Geld, Geltung und die Gunst der Frauen gebuhlt wird.

U

Übertragungen

Fehlanzeige: Wenn auf der Welt gefochten wird, bleibt die TV-Mattscheibe schwarz. Mit Ausnahme der Mantel- und Degen-Filme, die mit Fechten so wenig zu tun haben wie die Ananas mit Alaska, existiert dieser Sport für das Fernsehen nicht. Dies hat mehrere verständliche Gründe: a) Ein Florett ist kein Tennisschläger, b) mit einem Tennisschläger kann man nicht fechten, c) die Sport-Journalisten können leider einen Tennisschläger vom Florett unterscheiden.

Umgehung

1. Manöver eines Trainers während des Gefechts; am Rande der Planche kreist er um das Kampffeld herum, um seinen

Turnier

Schüler zu unterstützen, den Gegner zu irritieren und den Obmann zu beeinflussen.
2. Den Kampf absagen.
3. Trickreiches Fechten unter Außerachtlassung aller Regeln.

Unterziehweste

Korsett für Sportler; Reiß- und stichsichere Weste, die unter dem Fechtanzug getragen wird und zu weit vorgewölbte Bauchnabel zurückhält, um die Trefffläche nicht unnötig zu vergrößern (siehe auch Linie).

V

Verfechter

Fechter, der die Orientierung auf der Bahn verloren hat, weil er zuerst in einen Kreisstoß-Verkehr geriet, von einer Klingen-Sperrung kurzfristig gestoppt und schließlich in eine Umgehung verschlagen wurde, die sich am Ende als Waffen-Sackgasse erwies.

Vermummungsverbot

Gesetz, das Bundesbürgern die Maskerade bei Demonstrationen verbietet. In Absatz 4 des Vermummungsverbots-Paragraphen wird das Gesetz insofern eingeschränkt, als dort eine Sonderregelung für Fecht-Veranstaltungen getroffen wurde. Eingegangen ist diese Zusatzbestimmung in die juristische Fachliteratur unter dem Begriff „Fechter-Erlaß“: Fechter sind nach den Buchstaben dieses Gesetzes Extremisten, weil sie sich wie keine anderen Sportler bis zur totalen Unkenntlichkeit vermummen. Zudem haben ihre Wettbewerbe, so heißt es in Absatz 4 weiter, „demonstrativen und öffentlichen Charakter“. Das Tragen und Handhaben von Waffen kommt erschwerend

Unterziehweste
SARTIN

Verteidigung

hinzu, könnte ohne große Auslegungsprobleme als Widerstand gegen die Staatsgewalt gewertet werden. Trotz all der genannten belastenden Tatsachen wird das Fechten jedoch als legitimes Hobby anerkannt. Wörtlich heißt es: „Fechten ist nur ein Sport und keine Protestkundgebung, weil Ziel, Absicht und Sinn für den normalen Bundesbürger nicht zu erkennen sind."

Verschlag

1. Ungültig erklärter Hieb mit dem Säbel.
2. Provisorische, aus Holzbrettern gezimmerte Hütte zur Zwischenlagerung von verschrottungsreifen Klingen.

Verteidigung

1. Man greift nicht an.
2. Man wird angegriffen.

Vitalkapazität

Aufnahmevermögen der Lunge; ist beim Fechter besonders ausgeprägt, weil die Sauerstoffzufuhr unter der Maske nur sehr eingeschränkt funktioniert und das Tragen von Tauchgeräten nicht gestattet ist.

Vorhieb

Ähnlich wie im Schwimmen oder in der Leichtathletik gibt es auch im Fechten Athleten, die es aus Nervosität, Übereifer oder gar Berechnung nicht abwarten können bzw. wollen, bis der Obmann den Kampf freigibt. Verursacht ein Fechter durch sein Vorpreschen zwei Frühstarts hintereinander, wird sein Körperkabel verkürzt.

W

Waffe

Meist in der Mehrzahl gebräuchlich als Bezeichnung für das geheimnisvolle, weibliche Arsenal im Kampf der Geschlechter.

Waffenmeister

Männer fragen sich hinterher stets, womit sie eigentlich besiegt worden sind.

Waffenmeister Servicemann am Rande der Planche: Er hat immer eine Schraube locker und freut sich, daß er einen Defekt hat.

Waffensack 1. Unförmiges, sperriges, kaum transportables Behältnis (siehe Coupe) für fechterische Ausrüstungs-Gegenstände.
2. Rüstiger Fecht-Rentner.

Wechselbindung Begriff aus der Sexualinfrastruktur. Beschreibt einen gruppendynamischen Prozeß, der häufig in Trainingslagern oder bei Turnieren zu beobachten ist: Nämlich den im Fechten auftretenden überproportional hohen Partnerwechsel. Als Ursache für dieses Phänomen wird der tausendfache Klingenkontakt genannt, bei dem auch emotionale Funktionen überspringen sollen.

Wiederholungsangriff Nachstellen von Fecht-Aktionen im Zeitlupentempo, um den Zuschauern zu zeigen, wofür sie ihr Geld ausgegeben haben.

Winkelstoß Gültiger Treffer mit einer verbogenen Klinge. Der Stoß wird nicht gezählt, wenn die Schneide weniger als 39 Grad abgewinkelt ist.

Wortgefecht Verbaler Schlagabtausch mit rhetorischen Paraden und Riposten, mit Finten und Tiefschlägen. Die Verletzlichkeit ist häufig höher und die erlittenen Wunden tiefer als bei einem Gefecht mit Waffen.

X

Xanten Stadt am Niederrhein, die sagenhafte Heimat des Nibelungenhelden Siegfried, der wegen seines verwegenen Umganges mit dem Schwert Balmung auch heute noch bewundert und von vielen im Kampf geschlagenen Fechtern noch mehr um seine Tarnkappe, die ihn unsichtbar werden ließ, beneidet wird.

X-Beine Unter Fechtern tritt diese buchstäbliche Verformung der unteren Extremitäten seltener auf. Dafür sind die O- oder Säbelbeine weitaus mehr verbreitet.

X-Ray Englisch für Röntgenstrahlen; der Versuch, die Bruchgefährdung von Klingen durch Röntgenstrahlen zu erkennen und somit schwere Unfälle zu vermeiden, ist gescheitert. Zwar konnten sogar winzige Haarrisse leicht durch X-Ray-Strahlen aufgespürt werden, wenn sich nicht gleichzeitig die Bruchanfälligkeit der Klingen durch die zersetzende Strahlung erhöht hätte.

Y

Yedi-Ritter Außerirdischer Fechter, der mit einem Laser-Schwert ficht und sich nur duelliert, um Hauptrollen in Kinofilmen zu bekommen.

Yuppi-Fechter Das sind Menschen, die jung, dynamisch und erfolgsorientiert sind und sich mit spitzen Ellenbogen nach oben fechten.

X-Beine

Zerstörungsparade

Z

Zerstörungsparade	Löst beim Angreifer das Gefühl aus, mit der Klinge in einen Ventilator geraten zu sein.
Zirkulation	Kreisende Bewegungen mit der Klinge. Übung in den Morgenstunden, um den Kreislauf in Schwung zu bringen.
Zündlauf	Geheime Vorrichtung am Degen, die für den Eventualfall eingebaut werden kann. Sollte sich ein Opponent als zu mächtig erweisen, kann durch den Zündlauf ein millimeterkleines Geschoß mit Betäubungsmunition (Federkiel-Kaliber) abgefeuert werden. Ist im Wettkampf nicht erlaubt.

Fröh·li·che Wör·ter·bü·cher von A bis Z

ISBN 3–8231–0135–8

ISBN 3–8231–0126–9

ISBN 3–8231–0127–7

ISBN 3–8231–0139–0

ISBN 3–8231–0116–1

ISBN 3–8231–0105–6

ISBN 3–8231–0138–2

ISBN 3–8231–0136–6

ISBN 3–8231–0159–5

ISBN 3–8231–0110–2

ISBN 3–8231–0162–5

ISBN 3–8231–0101–3

ISBN 3–8231–0120–X

ISBN 3–8231–0137–4

ISBN 3–8231–0121–8

ISBN 3–8231–0152–8

ISBN 3–8231–0157–9

ISBN 3–8231–0122–6

ISBN 3–8231–0144–7

ISBN 3–8231–0114–5

TOMUS-Büche

ISBN 3–8231–0113–7

ISBN 3–8231–0107–2

ISBN 3–8231–0128–5

ISBN 3–8231–0112–9

ISBN 3–8231–0149–8

ISBN 3–8231–0147–1

ISBN 3–8231–0129–3

ISBN 3–8231–0143–9

ISBN 3–8231–0119–6

ISBN 3–8231–0123–4

ISBN 3–8231–0134–X

ISBN 3–8231–0154–4

ISBN 3–8231–0163–3

ISBN 3–8231–0164–1

ISBN 3–8231–0124–2

ISBN 3–8231–0140–4

ISBN 3–8231–0117–X

ISBN 3–8231–0156–0

ISBN 3–8231–0109–9

ISBN 3–8231–0102–1